yukismart.com/b/653e76
AF291976
1
2

bambina

kız

bambino

oğlan

mamma

anne

papà

baba

giovane

genç

vecchio

yaşlı

bambino

çocuk

adulto

yetişkin

accettare

kabul etmek

rifiutare

reddetmek

sì

evet

no

hayır

sorridere
gülümsemek
piangere
ağlamak

felice

mutlu

triste

üzgün

solo

yalnız

insieme

birlikte

rumore

gürültü

silenzio

sessiz

caldo

sıcak

freddo

soğuk

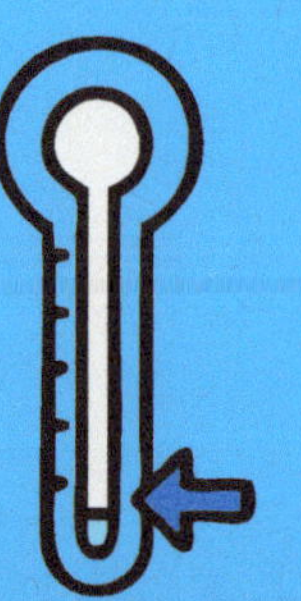

poco

biraz

tanto

çok

solido

katı

liquido

sıvı

corto

kısa

lungo

uzun

lento

yavaş

veloce

hızlı

minuscolo

küçücük

piccolo

küçük

grande

büyük

enorme

kocaman

dentro

içinde

fuori

dışında

gonfio

şişik

sgonfio

sönük

sopra

üstünde

sotto

altında

sporco

kirli

pulito

temiz

identico

aynı

diverso

farklı

sinistra

sol

destra

sağ

$1 + 1 = 5$

sbagliato

yanlış

$1 + 1 = 2$

corretto

doğru

sottile

ince

spesso

kalın

facile

kolay

difficile

zor

chiudere

kapalı

aprire

açık

alto

uzun

basso

kısa

sano

sağlıklı

malato

hasta

giorno

gündüz

notte

gece

giocare

oynamak

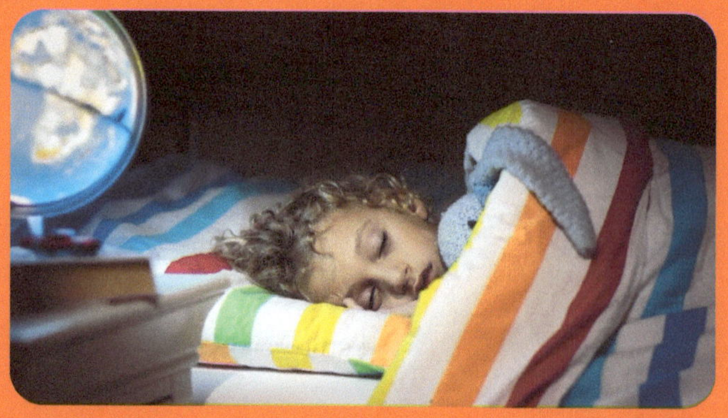

dormire

uyumak

soleggiato

güneşli

nuvoloso

bulutlu

piovoso

yağmurlu

tempestoso

fırtınalı

bianco

beyaz

nero

siyah

colori chiari

açık renkler

colori scuri

koyu renkler

dolce

tatlı

aspro

ekşi

salato

tuzlu

amaro

acı

intero

bütün

metà

yarım

pieno

dolu

vuoto

boş

mangiare

yemek

bere

içmek

vicino

yakın

lontano

uzak

lì

orada

qui

burada

alzarsi

ayağa kalkmak

sdraiarsi

yatmak

sedersi

oturmak

capelli ricci

kıvırcık saç

capelli lisci

düz saç

fradicio

sırılsıklam

bagnato

ıslak

asciutto

kuru

davanti a

önünde

dietro

arkasında

tra

arasında

accanto

yanında

tetto

çatı

pavimento

zemin

pesante

ağır

leggero

hafif

fragile

kırılgan

robusto

dayanıklı

debole

güçsüz

forte

güçlü

appuntito

keskin

morbido

yumuşak

9 782384 128419